LA PROCLAMACIÓN DE EMANCIPACIÓN

SETH LYNCH

TRADUCIDO POR ESTHER SARFATTI

Gareth Stevens
PUBLISHING

EN CONTEXTO

Please visit our website, www.garethstevens.com. For a free color catalog of all our high-quality books, call toll free 1-800-542-2595 or fax 1-877-542-2596.

Library of Congress Cataloging-in-Publication Data

Names: Lynch, Seth, author.
Title: La Proclamación de Emancipación / Seth Lynch.
Description: New York : Gareth Stevens Publishing, 2019. | Series: Conoce la historia de Estados Unidos | Includes index.
Identifiers: LCCN 2017040520| ISBN 9781538249338 (library bound) | ISBN 9781538249321 (pbk.)
Subjects: LCSH: United States. President (1861-1865 : Lincoln). Emancipation Proclamation--Juvenile literature. | Lincoln, Abraham, 1809-1865--Juvenile literature. | Slaves--Emancipation--United States--Juvenile literature. | United States--Politics and government--1861-1865--Juvenile literature.
Classification: LCC E453 .L96 2018 | DDC 973.7092--dc23
LC record available at https://lccn.loc.gov/2017040520

First Edition

Published in 2020 by
Gareth Stevens Publishing
111 East 14th Street, Suite 349
New York, NY 10003

Translator: Esther Sarfatti
Designer: Samantha DeMartin
Editor: Kristen Nelson

Photo credits: Series art Christophe BOISSON/Shutterstock.com; (feather quill) Galushko Sergey/Shutterstock.com; (parchment) mollicart-design/Shutterstock.com; cover, p. 1 SuperStock/SuperStock/Getty Images; pp. 5, 9 PSboom/Shutterstock.com; p. 7 Everett Historical/Shutterstock.com; p. 11 UniversalImagesGroup/Universal Images Group/ Getty Images; pp. 13, 15 courtesy of the Library of Congress; p. 17 Ed Vebell/Archive Photos/ Getty Images; p. 19 GraphicaArtis/Archive Photos/Getty Images; p. 21 Clindberg/Wikimedia Commons; p. 23 Kean Collection/Archive Photos/Getty Images; p. 25 Gamaliel/Wikimedia Commons; p. 27 Photo 12/Universal Images Group/Getty Images; p. 29 Muddymari/ Shutterstock.com.

Printed in the United States of America

CPSIA compliance information: Batch #CS18GS: For further information contact Gareth Stevens, New York, New York at 1-800-542-2595.

CONTENIDO

Las palabras del glosario se muestran en **negrita** la primera vez que aparecen en el texto.

EL ESTADO DE LA UNIÓN

Hacia mediados del siglo XIX, ya había **tensión** entre el Norte, que casi había prohibido la esclavitud, y el Sur, cuya economía dependía de ella. Un grupo de estados sureños **amenazó** con separarse de la Unión si el Partido Republicano, que estaba en contra de la esclavitud, ganaba las elecciones presidenciales de 1860.

Estados Unidos
en 1860

Territorio de Washington

Territorio de Nebraska

Territorio no organizado

OR

MN

VT

ME

NH

WI

NY

MA

RI

Territorio de Utah

IA

MI

PA

CT

NJ

CA

IL

IN

OH

DE

MD

VA

MO

KY

Territorio de Kansas

Territorio de Nuevo México

Territorio indio

AR

TN

NC

SC

TX

MS

AL

GA

LA

FL

ESTADOS ESCLAVISTAS

ESTADOS LIBRES

TERRITORIOS ABIERTOS A LA ESCLAVITUD

SI QUIERES SABER MÁS

Algunos estados que entraron a formar parte
de Estados Unidos en el siglo XIX pudieron elegir
si querían permitir la esclavitud o no.

SECESIÓN

Abraham Lincoln, el candidato
republicano, ganó las elecciones.
Para cuando ocupó su cargo,
el 4 de marzo de 1861, siete
estados se habían separado
de la Unión. Un total de
once estados llegaron
a separarse y formaron
los Estados Confederados
de América.

SI QUIERES SABER MÁS

La primera batalla de la guerra de Secesión comenzó el 12 de abril de 1861, cuando los soldados confederados abrieron fuego contra las tropas de la Unión (Norte) en el fuerte Sumter, en Charleston, Carolina del Sur.

7

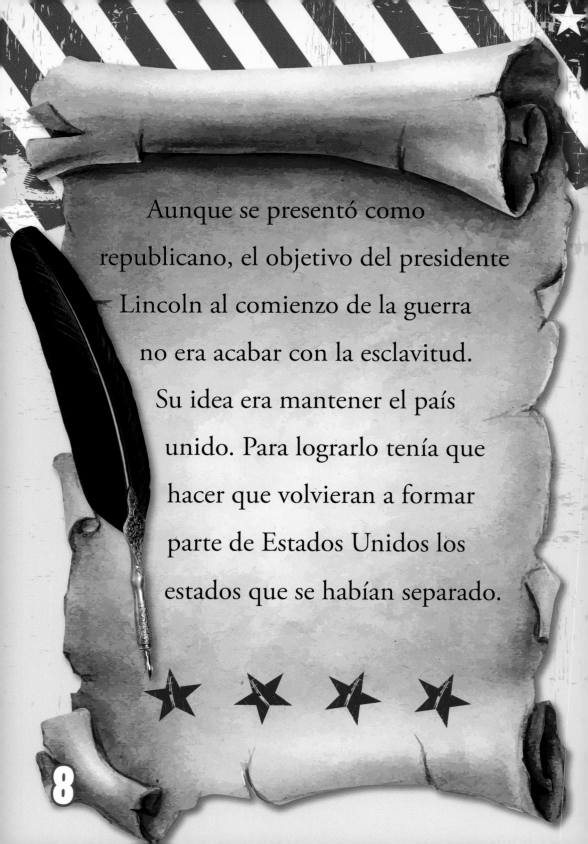

Aunque se presentó como republicano, el objetivo del presidente Lincoln al comienzo de la guerra no era acabar con la esclavitud. Su idea era mantener el país unido. Para lograrlo tenía que hacer que volvieran a formar parte de Estados Unidos los estados que se habían separado.

Algunos estados esclavistas no se separaron, entre ellos Misuri, Kentucky, Maryland, Delaware y, después, Virginia Occidental. Lincoln no quería perder estos estados, llamados *fronterizos*, por lo que no prohibió del todo la esclavitud.

ESTADOS LIBRES

Estados esclavistas separados:

ANTES DE COMENZAR LA GUERRA

DESPUÉS DE COMENZAR LA GUERRA

ESTADOS FRONTERIZOS Y VIRGINIA OCCIDENTAL

ESTADOS DE LA UNIÓN

9

EL CONGRESO ACTÚA

El Congreso, sin embargo, quería actuar contra la esclavitud. Aprobó la Primera Ley de Confiscación en agosto de 1861. Esta ley decía que la Unión podía tomar posesión, o confiscar, las propiedades de los confederados. También liberó a los esclavos que trabajaban o luchaban con el ejército confederado.

En julio de 1862, se aprobó la Segunda Ley de Confiscación. Esta daba la libertad a los esclavos de todas las autoridades confederadas, aunque las tropas de la Unión solo podían hacer cumplir la ley cuando estaban en una zona determinada.

UNA PROCLAMACIÓN PRELIMINAR

La aprobación de las leyes de confiscación por parte del Congreso hizo creer a Lincoln que tenía suficiente apoyo para luchar contra la esclavitud. **Redactó** lo que ahora se conoce como la Proclamación de Emancipación **preliminar**, en julio de 1862. Este **documento** se **emitió** el 22 de septiembre de 1862.

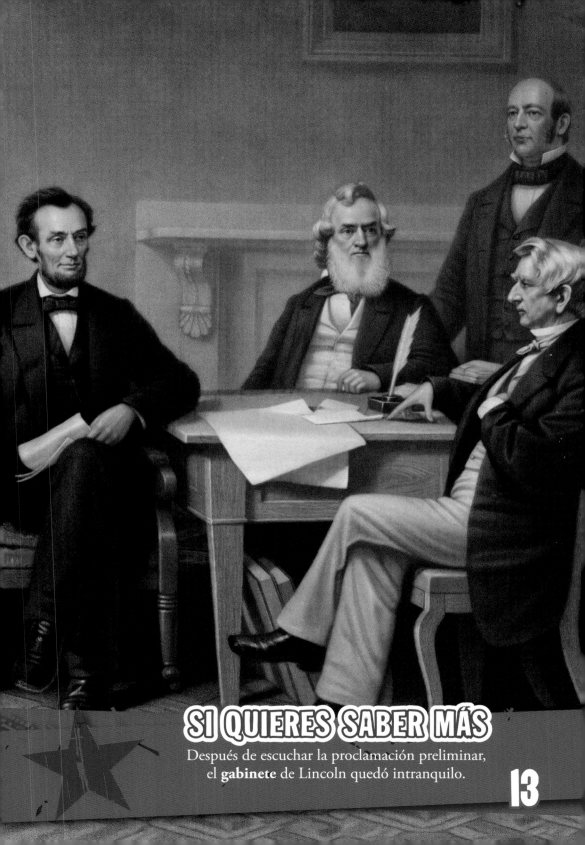

SI QUIERES SABER MÁS

Después de escuchar la proclamación preliminar,
el **gabinete** de Lincoln quedó intranquilo.

En esta proclamación preliminar, Lincoln daba cien días a los estados sureños para que pusieran fin a su **rebelión**. Les comunicó que, si no lo hacían, sus esclavos se declararían libres. Pese a este aviso, la guerra continuó.

SI QUIERES SABER MÁS

La proclamación preliminar se emitió justo después de que la Unión ganara la batalla de Antietam.

15

PROCLAMACIÓN DE AÑO NUEVO

Fiel a su palabra, el presidente Lincoln emitió la Proclamación de Emancipación final el 1 de enero de 1863. Antes de firmarla, Lincoln dijo: "Nunca en mi vida me he sentido más seguro de hacer lo correcto que al firmar este documento".

Lincoln no reunió a su gabinete ni hizo una **ceremonia** cuando firmó la proclamación. Solo unos pocos amigos lo vieron firmarla en la Casa Blanca.

El comienzo del
documento de la Proclamación
de Emancipación repetía
parte de lo que se indicaba en
la proclamación preliminar:
a partir del 1 de enero de 1863, los
esclavos que vivían en los estados
de la Confederación serían "libres
para siempre". También decía que
el Gobierno de Estados Unidos
"reconocería" y respetaría esta libertad.

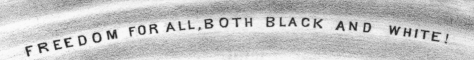

FREEDOM FOR ALL, BOTH BLACK AND WHITE!

SI QUIERES SABER MÁS

Algunas personas en los estados norteños creían que la Proclamación de Emancipación no era suficiente para acabar con la esclavitud en Estados Unidos.

En la Proclamación, Lincoln pide a los esclavos liberados que no peleen a menos que tengan que **defenderse**. Probablemente estuviera a favor de una **transición** pacífica, puesto que ya estaban en medio de una terrible guerra.

overnment of the United States, including the military, and naval authorities thereof, will recognize and maintain the freedom of said persons.

And I hereby enjoin upon the people so declared to be free to abstain from all violence; unless in necessary self-defence; and I recommend to them that, in all cases when allowed, they labor faithfully for reasonable wages.

And I further declare and make known, that such persons of suitable condition, will be received into the armed service of the United States to garrison forts, positions, stations, and other places, and to man vessels of all sorts in said service.

And upon this act, sincerely believed to be an act of justice, warranted by the Constitution, upon military necessity, I invoke the considerate judgment of mankind, and the gracious

States to be affixed.

La Proclamación de Emancipación también menciona que los esclavos liberados que pudieran luchar contra el ejército confederado serían bienvenidos entre las fuerzas de la Unión. Este punto era importante. Según avanzaba el conflicto, hacían falta más y más hombres en ambos bandos de la guerra.

SI QUIERES SABER MÁS

Antes del fin de la guerra, cerca de 200,000 hombres negros lucharon por la Unión.

LAS EXCEPCIONES

La Proclamación de Emancipación dejaba claro el fin de la esclavitud en los estados confederados. Sin embargo, también quedaba claro que no acababa con la esclavitud en los estados fronterizos. Parte de Luisiana y las partes de Virginia que luego serían Virginia Occidental fueron excepciones escritas en la Proclamación.

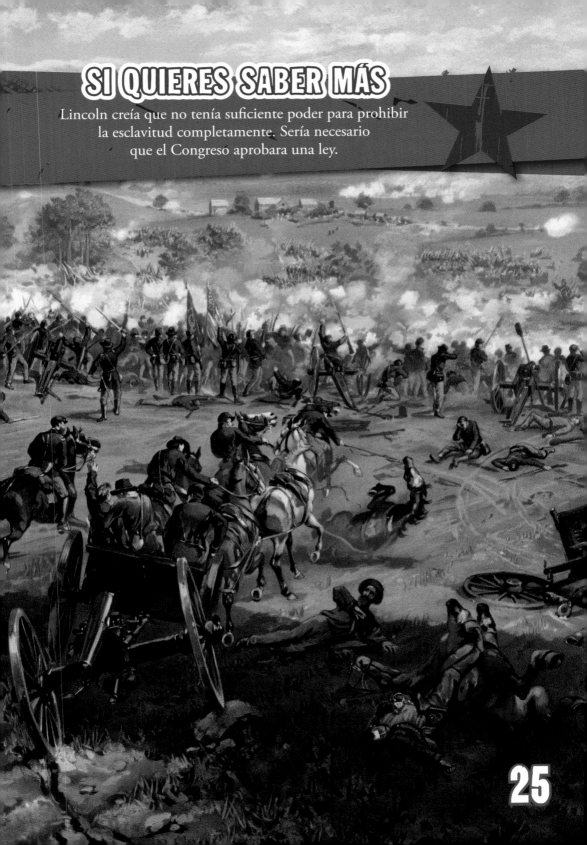

Lincoln creía que no tenía suficiente poder para prohibir
la esclavitud completamente. Sería necesario
que el Congreso aprobara una ley.

¿DERECHOS PARA TODOS?

La Proclamación de Emancipación no terminó con la esclavitud en Estados Unidos. Sin embargo, puso al país en el camino que lo llevaría a abolir la esclavitud. Una vez que la guerra terminó en 1865, se aprobó la Decimotercera **Enmienda**, la cual prohibió la esclavitud en todo Estados Unidos.

El presidente Lincoln no llegó a ver el final de la guerra en junio de 1865 ni tampoco la aprobación de la Decimotercera Enmienda en diciembre de ese año. Recibió un disparo el 14 de abril de 1865 y falleció al día siguiente.

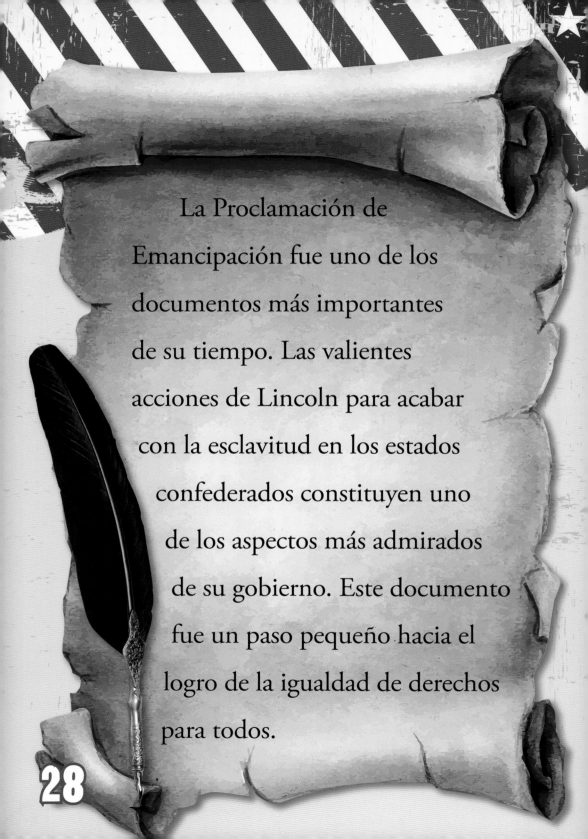

La Proclamación de Emancipación fue uno de los documentos más importantes de su tiempo. Las valientes acciones de Lincoln para acabar con la esclavitud en los estados confederados constituyen uno de los aspectos más admirados de su gobierno. Este documento fue un paso pequeño hacia el logro de la igualdad de derechos para todos.

SI QUIERES SABER MÁS

La Decimocuarta Enmienda convirtió a todos los esclavos
liberados en ciudadanos de Estados Unidos.

IN THIS TEMPLE
AS IN THE HEARTS OF THE PEOPLE
FOR WHOM HE SAVED THE UNION
THE MEMORY OF ABRAHAM LINCOLN
IS ENSHRINED FOREVER

LÍNEA DEL TIEMPO DE LA PROCLAMACIÓN DE EMANCIPACIÓN

noviembre de 1860

Abraham Lincoln es elegido presidente.

20 de diciembre de 1860

Carolina del Sur es el primer estado en separarse de la Unión.

4 de marzo de 1861

El presidente Lincoln ocupa su cargo.

12 de abril de 1861

Se realizan disparos en el fuerte Sumter, dando comienzo a la guerra de Secesión.

6 de agosto de 1861

El Congreso aprueba la Primera Ley de Confiscación.

17 de julio de 1862

El Congreso aprueba la Segunda Ley de Confiscación.

22 de septiembre de 1862

Lincoln emite la Proclamación de Emancipación preliminar.

1 de enero de 1863

Lincoln emite la Proclamación de Emancipación.

6 de diciembre de 1865

La Decimotercera Enmienda prohíbe la esclavitud.

20 de agosto de 1866

El presidente Johnson declara formalmente el fin de la guerra.

GLOSARIO

amenazar: anunciar que algo malo podría pasar.

ceremonia: evento que honra o celebra algo.

defender: proteger de un daño.

documento: escrito formal.

emitir: presentar formalmente un documento.

enmienda: cambio o añadido a una constitución.

gabinete: conjunto de jefes o ministros del Gobierno que son nombrados por el presidente y que actúan como consejeros especiales.

preliminar: algo que viene antes de un documento o trabajo principal o final.

rebelión: lucha para derrocar un Gobierno.

redactar: escribir un documento.

tensión: estado de oposición entre grupos.

transición: cambio de una etapa a otra.

PARA MÁS INFORMACIÓN

Libros

Cummings, Judy Dodge. *The Emancipation Proclamation.* Mineápolis, MN: Essential Library, 2017.

Otfinoski, Steven. *The Civil War.* Nueva York, NY: Scholastic, 2017.

Sitios de Internet

The Emancipation Proclamation

www.archives.gov/exhibits/featured-documents/emancipation-proclamation

Visita la exposición en línea del Archivo Nacional de la Proclamación de Emancipación.

Nota del editor para educadores y padres: nuestro personal especializado ha revisado cuidadosamente estos sitios web para asegurarse de que son apropiados para los estudiantes. Muchos sitios web cambian con frecuencia, por lo que no podemos garantizar que posteriores contenidos que se suban a esas páginas cumplan con nuestros estándares de calidad y valor educativo. Tengan presente que se debe supervisar cuidadosamente a los estudiantes siempre que tengan acceso al Internet.

ÍNDICE